A Gift

from

FRIENDS
OF THE
PALO ALTO
LIBRARY

OL
DO

Palo Alto City Library

The individual borrower is responsible for all library material borrowed on his or her card.

Charges as determined by the CITY OF PALO ALTO will be assessed for each overdue item.

Damaged or non-returned property will be billed to the individual borrower by the CITY OF PALO ALTO.

P.O. Box 10250, Palo Alto, CA 94303

Servidores Comunitarios

Policías

Texto: Dee Ready
Traducción: Dr. Martín Luis Guzmán Ferrer
Revisión de la traducción: María Rebeca Cartes

Consultora de la traducción:
Dra. Isabel Schon, Directora
Centro para el Estudio de Libros
Infantiles y Juveniles en Español
California State University-San Marcos

Bridgestone Books
an imprint of Capstone Press
Mankato, Minnesota

Bridgestone Books are published by Capstone Press
818 North Willow Street, Mankato, Minnesota 56001 • http://www.capstone-press.com

Library of Congress Cataloging-in-Publication Data
Ready, Dee.
   [Police officers. Spanish]
   Policías / de Dee Ready; traducción de Martín Luis Guzmán Ferrer;
revisión de la traducción de María Rebeca Cartes.
   p. cm.—(Servidores comunitarios)
   Includes bibliographical references and index.
   Summary: Explains the clothing, tools, schooling, and work of police officers.
   ISBN 1-56065-802-9
   1. Police—United States—Juvenile literature. [1. Police. 2. Occupations. 3. Spanish
language materials.] I. Title. II. Series
HV7922.R4318   1999
363.2'0973—dc21

                                       98-18421
                                          CIP
                                          AC

Editorial Credits
Martha E. Hillman, translation project manager; Timothy Halldin, cover designer
Consultant
Donna Shepherd, National Association of Chiefs of Police
Photo Credits
FPG/Mark Scott, 4; Mark Reinstein, 6; Jeffrey Sylvester, 14; Terry Qing, 18
Unicorn Stock Photos/Robert Ginn, cover; Eric Berndt, 8; Fred Jordan, 10; Deneve Bunde, 12;
  McDonald, 16; Dennis Thompson, 20

Contenido

Para evitar una repetición constante, alternamos el uso del feminino y el masculino.

Policías

Los policías ayudan a que sus comunidades sean seguras. Ellos protegen a las personas y las propiedades contra los criminales. También vigilan que la gente cumpla la ley. El trabajo de un policía puede ser peligroso.

Qué hacen las policías

Las policías vigilan las calles. Cuando alguien no cumple la ley, las policías investigan. Esto quiere decir que averiguan todo lo que pueden sobre lo sucedido. Ellas arrestan a las personas que desobedecen la ley.

Qué se ponen los policías

Muchos policías usan uniforme. En sus camisas se ponen una placa. Por lo general, los policías uniformados usan una gorra especial. Los policías que son detectives no usan uniforme.

Herramientas que usan las policías

Las policías llevan pistolas y esposas en sus cinturones. En sus patrullas, usan radios para comunicarse entre sí. Algunas policías usan el radar para atrapar a las personas que conducen a mucha velocidad.

Qué conducen los policías

Muchos policías conducen patrullas.
Estas son coches con una sirena y luces
en el techo. Algunos policías van en
motocicletas o en coches sin identificación.
Los coches sin identificación no tienen
luces ni ningún letrero.

Las policías y la escuela

Las policías deben tener por lo menos 18 años de edad. Todas las policías deben estudiar en las academias de policía. Ahí su preparación dura hasta un año. Algunas van a la universidad durante dos o más años.

Dónde trabajan los policías

Los policías trabajan en las comandancias de policía. Algunos recorren sus ciudades en los coches llamados patrullas. Otros policías vigilan sus ciudades a pie. Algunos van en bicicletas o a caballo. Ellos trabajan para que las calles sean seguras para la gente.

Quiénes ayudan a las policías

Las policías también necesitan ayuda. El despachador en la comandancia de policía contesta los llamados de emergencia. Los fotógrafos toman fotos para tener pistas. Las personas en los laboratorios criminológicos examinan las huellas digitales, las manchas de sangre y otras pistas.

Los policías ayudan a la gente

Los policías ayudan a toda la gente de la comunidad. Ellos protegen a la gente del crimen. También van a los colegios a enseñarles a los niños los problemas de las drogas y el crimen. El trabajo de los policías es muy importante para la comunidad.

Manos a la obra: Talco para huellas digitales

Los policías algunas veces usan las huellas digitales para encontrar a un criminal. Las huellas digitales de cada persona son únicas. Cuando una persona es arrestada, se le toman sus huellas digitales. La policía archiva estas huellas digitales.

Cuando ocurre un crimen, la policía busca las huellas digitales en el lugar del crimen. Después compara estas huellas con las de aquellas personas que han sido arrestadas.

1. Busca una superficie oscura que alguien haya podido tocar. Una mesa puede servir.
2. Usa un pincel para esparcir talco para bebé sobre la superficie. El talco se pega a las huellas digitales.
3. Encuentra una huella digital. Arranca un pedazo de adhesiva transparente. Con mucho cuidado ponlo sobre la huella. Presiónalo hacia abajo, pero no le des vuelta.
4. Levanta la cinta. Pégalo en un pedazo de papel oscuro. Si la huella no se ve con claridad, vuelve a intentarlo. Usa otro pedazo de papel en la misma huella. Seguramente tu primera muestra tenía demasiado talco.

Conoce las palabras

comunidad—grupo de gente que vive en el mismo lugar

crimen—un hecho contra la ley

detective—persona que trata de resolver un crimen muy serio

investigar—hacer preguntas para tratar de resolver un crimen

ley—regla que sirve para que la gente viva junta en paz

Más lecturas

Cooper, Jason. *Estaciones de policía*. Lugares Divertidos para Visitar. Vero Beach, Fla.: Rourke, 1992.

Green, Carol. *Police Officers Protect People*. Plymouth, Minn.: The Child's World, 1996.

Páginas de Internet

Kidcops
http://www.ci.seattle.wa.us/spd/kids/kids.htm
The Police Station
http://www.islandnet.com/~wwlia/police.htm

Índice